la vie en close

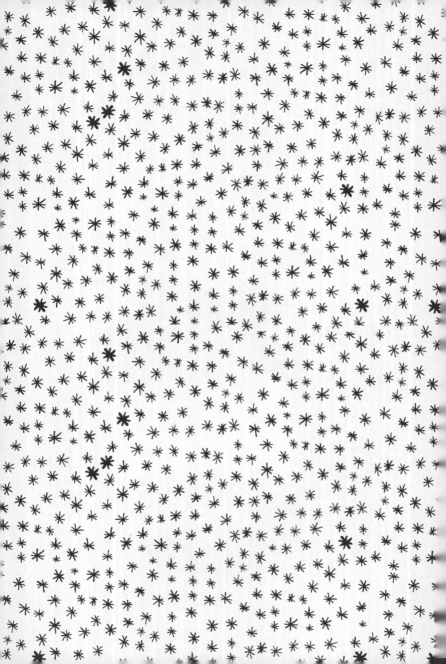

poesia de bolso

paulo leminski

la vie en close

Copyright © 2024 by herdeiros de Paulo Leminski

Grafia atualizada segundo o Acordo Ortográfico da Língua Portuguesa de 1990, que entrou em vigor no Brasil em 2009.

Capa e projeto gráfico
Elisa von Randow

Cronologia
Mariano Marovatto

Revisão
Marina Nogueira
Renata Lopes Del Nero

Dados Internacionais de Catalogação na Publicação (CIP)
(Câmara Brasileira do Livro, SP, Brasil)

Leminski, Paulo, 1944-1989.
   La vie en close / Paulo Leminski. — 1ª ed. — São Paulo : Companhia das Letras, 2024. — (Poesia de bolso)

   ISBN 978-85-359-3789-3

   1. Poesia brasileira I. Título. II. Série.

24-199645   CDD-B869.1

Índice para catálogo sistemático:
1. Poesia : Literatura brasileira   B869.1

Cibele Maria Dias – Bibliotecária – CRB-8/9427

Todos os direitos desta edição reservados à
EDITORA SCHWARCZ S.A.
Rua Bandeira Paulista, 702, cj. 32
04532-002 — São Paulo — SP
Telefone: (11) 3707-3500
www.companhiadasletras.com.br
www.blogdacompanhia.com.br
facebook.com/companhiadasletras
instagram.com/companhiadasletras
twitter.com/cialetras

sumário

La vie en close 7

Cronologia 180
Lista de obras publicadas 186
Índice de títulos e primeiros versos 188

la vie
en close

[1991]

nota do editor

O livro *La vie en close* foi publicado postumamente, em 1991, pela editora Brasiliense. Reúne textos selecionados por Leminski e Alice Ruiz S em 1988, além de alguns poemas que ele escreveu até a sua morte, em 1989, e poemas mais antigos, como "o esplêndido corcel", que integrava o volume *Não fosse isso e era menos não fosse tanto e era quase* (1980).

l'être avant la lettre

la vie en close

c'est une autre chose

c'est lui

c'est moi

c'est ça

c'est la vie des choses

qui n'ont pas

un autre choix

um bom poema
leva anos
  cinco jogando bola,
mais cinco estudando sânscrito,
  seis carregando pedra,
nove namorando a vizinha,
  sete levando porrada,
quatro andando sozinho,
  três mudando de cidade,
dez trocando de assunto,
  uma eternidade, eu e você,
caminhando junto

limites ao léu

POESIA: "words set to music" (Dante via Pound), "uma viagem ao desconhecido" (Maiakóvski), "cernes e medulas" (Ezra Pound), "a fala do infalável" (Goethe), "linguagem voltada para a sua própria materialidade" (Jakobson), "permanente hesitação entre som e sentido" (Paul Valéry), "fundação do ser mediante a palavra" (Heidegger), "a religião original da humanidade" (Novalis), "as melhores palavras na melhor ordem" (Coleridge), "emoção relembrada na tranquilidade" (Wordsworth), "ciência e paixão" (Alfred de Vigny), "se faz com palavras, não com ideias" (Mallarmé), "música que se faz com ideias" (Ricardo Reis/ Fernando Pessoa), "um fingimento deveras" (Fernando Pessoa), "criticism of life" (Matthew Arnold), "palavra-coisa" (Sartre), "linguagem em estado de pureza selvagem" (Octavio Paz), "poetry is to inspire" (Bob Dylan), "design de linguagem" (Décio Pignatari), "lo imposible hecho posible" (García Lorca), "aquilo que se perde na tradução" (Robert Frost), "a liberdade da minha linguagem" (Paulo Leminski)...

A quem me queima
e, queimando, reina,
valha esta teima.
Um dia, melhor me queira.

ouverture la vie en close

em latim
"porta" se diz "janua"
e "janela" se diz "fenestra"

a palavra "fenestra"
não veio para o português
mas veio o diminutivo de "janua",
"januela", "portinha",
que deu nossa "janela"
"fenestra" veio
mas não como esse ponto da casa
que olha o mundo lá fora,
de "fenestra", veio "fresta",
o que é coisa bem diversa

já em inglês
"janela" se diz "window"
porque por ela entra
o vento ("wind") frio do norte
a menos que a fechemos
como quem abre
o grande dicionário etimológico
dos espaços interiores

e ver-te
verde vênus
doendo
no beiracéu
é ver-nos
em puro sonho
onde
ver-te, vida,
é alto ver
através de um véu

estupor

esse súbito não ter
esse estúpido querer
que me leva a duvidar
quando eu devia crer

esse sentir-se cair
quando não existe lugar
aonde se possa ir

esse pegar ou largar
essa poesia vulgar
que não me deixa mentir

que pode ser aquilo,
lonjura, no azul, tranquila?

se nuvem, por que perdura?
montanha,
como vacila?

curitibas

Conheço esta cidade
como a palma da minha pica.
Sei onde o palácio
sei onde a fonte fica,

Só não sei da saudade
a fina flor que fabrica.
Ser, eu sei. Quem sabe,
esta cidade me significa.

como abater uma nuvem a tiros

sirenes, bares em chamas,
carros se chocando,
    a noite me chama,
a coisa escrita em sangue
    nas paredes das danceterias
e dos hospitais,
    os poemas incompletos
e o vermelho sempre verde dos sinais

sintonia para pressa e presságio

Escrevia no espaço.
Hoje, grafo no tempo,
na pele, na palma, na pétala,
luz do momento.
Soo na dúvida que separa
o silêncic de quem grita
do escândalo que cala,
no tempo, distância, praça,
que a pausa, asa, leva
para ir do percalço ao espasmo.

Eis a voz, eis o deus, eis a fala,
eis que a luz se acendeu na casa
e não cabe mais na sala.

operação de vista

De uma noite, vim.
Para uma noite, vamos,
    uma rosa de Guimarães
nos ramos de Graciliano.

Finnegans Wake à direita,
un coup de dés à esquerda,
    que coisa pode ser feita
que não seja pura perda?

sigilo de fonte

Quem há de dizer das linhas
que as ondas armem e não armem?
Quem há de dizer das flâmulas,
lágrimas acesas, tantas lâmpadas,
milagres, passando rápidas?
Diga você, já que se sabe
que nem tudo na água é margem,
nem tudo é motivo de escândalo,
nem tudo me diz eu te amo,
nem tudo na terra é miragem.

Signos, sonhos, sombras, imagens,
ninguém vai nunca saber
quantas mensagens nos trazem.

lá vai um homem sozinho

o que ele pensa da noite
    eu não sei
apenas adivinho

    pensa o que pensa
todo mundo indo

    um dia
eu já tive vizinho

acidente no km 19

algo em mim se esvai
coisa que se escoa

seria a água da vida
seria outra coisa boa
tão boa que não tem vida
em que esta vida não doa?

hora em que a voz do amor
como a voz do amor não ecoa?

mais ou menos em ponto

Condenado a ser exato,
quem dera poder ser vago,
fogo-fátuo sobre um lago,
ludibriando igualmente
quem voa, quem nada, quem mente,
mosquito, sapo, serpente.

Condenado a ser exato
por um tempo escasso,
um tempo sem tempo
como se fosse o espaço,
exato me surpreendo,
losango, metro, compasso,
o que não quero, querendo.

sete assuntos por segundo

Ut pictura, poesis...
Horácio

Para que serve a pintura
a não ser quando apresenta
precisamente a procura
daquilo que mais aparenta,
quando ministra quarenta
enigmas vezes setenta?

sossegue coração
ainda não é agora
   a confusão prossegue
sonhos a fora

calma calma
logo mais a gente goza
   perto do osso
a carne é mais gostosa

lá fora e no alto
o céu fazia
    todas as estrelas que podia

    na cozinha
debaixo da lâmpada
    minha mãe escolhia
feijão e arroz
    andrômeda para cá
altair para lá
    sirius para cá
estrela d'alva para lá

(aus)

simples
como um sim
é simples
mente
a coisa
mais simples
que ex
iste
assim
ples
mente
de mim
me dispo
des
(aus)
ente

atrasos do acaso
cuidados
    que não quero mais

    o que era pra vir
veio tarde
    e essa tarde não sabe
do que o acaso é capaz

surpresa de ser
tão solta e tão presa
    a noite dá meiavolta
e volta a ser nossa
    toda a beleza que possa

motim de mim (1968-1988)

XX anos de xis,
XX anos de xerox,
XX anos de xadrez,
não busquei o sucesso,
não busquei o fracasso,
busquei o acaso,
esse deus que eu desfaço.

sete dias na vida de uma luz

durante sete noites
uma luz transformou
a dor em dia
uma luz que eu não sabia
se vinha comigo
ou nascia sozinha

durante sete dias
uma luz brilhou
na ala dos queimados
queimou a dor
queimou a falta
queimou tudo
que precisava ser cauterizado

milagre além do pecado
que sentido pode ter
mais significado?

Hospital S. Vicente
Ala dos Queimados
Curitiba, outubro de 1987

com quantos paulos

paulos paulos paulos
quantos paulos são preciso
para fazer um são paulo?

idades idades idades
quanto dá uma alma
dividida por duas cidades?

vez como aquela
só mesmo a primeira
    mal cheguei a chorar
uma lágrima inteira

    largue uma lágrima
o primeiro que viu
    o luar de janeiro
é primeiro de abril

in honore ordinis sancti benedicti

à ordem de são bento
a ordem que sabe
que o fogo é lento
e está aqui fora
a ordem que vai dentro

a ordem sabe
que tudo é santo
a hora a cor a água
o canto o incenso o silêncio
e no interior do mais pequeno
abre-se profundo
a flor do espaço mais imenso

ímpar ou ímpar

Pouco rimo tanto com faz.
Rimo logo ando com quando,
  mirando menos com mais.
Rimo, rimas, miras, rimos,
  como se todos rimássemos,
como se todos nós ríssemos,
  se amar (rimar) fosse fácil.

Vida, coisa pra ser dita,
como é fita este fado que me mata.
  Mal o digo, já meu siso se conflita
com a cisma que, infinita, me dilata.

    alguém parado
é sempre suspeito
    de trazer como eu trago
um susto preso no peito,
    um prazo, um prazer, um estrago,
um de qualquer jeito,
    sujeito a ser tragado
pelo primeiro que passar

    parar dá azar

quem sai aos seus

vozes a mais
vozes a menos
a máquina em nós
que gera provérbios
é a mesma que faz poemas,
somas com vida própria
que podem mais que podemos

suprassumos da quintessência

O papel é curto.
Viver é comprido.
Oculto ou ambíguo,
Tudo o que digo
tem ultrassentido

Se rio de mim,
me levem a sério.
Ironia estéril?
Vai nesse ínterim,
meu inframistério.

Andar e pensar um pouco,
que só sei pensar andando.
Três passos, e minhas pernas
já estão pensando.

Aonde vão dar estes passos?
Acima, abaixo?
Além? Ou acaso
se desfazem ao mínimo vento
sem deixar nenhum traço?

você está tão longe
que às vezes penso
que nem existo

nem fale em amor
que amor é isto

cine luz

    o cine tua sina
o filme FEEL ME
    signema
              me segure firme

    cine me ensine
a ser sim
            e a ser senda

vezes sem conta tenho vontade
de que nada mude
meiavoltavolver
mudar é tudo que pude

este mundo está perdido
disperso entre o escrito
e o espírito ruído
entre o físico e o químico
flui o sentido, líquido

viver é grande
porque eu sinto tua falta
já que arrasto por aí
esse falso ainda
minha alma torta
e a falta faz que vai
mas volta
no meio da ida e da vinda

estrelas fixas

Aqui sentiram centenas
as penas que lhes convêm.
Sentindo cena por cena,
alguém lembrou de um poema
que lhe lembrava de alguém.

Rimas mil girem vertigens,
sinto medos de existir.
Estes versos existirem,
já não preciso sentir.

round about midnight

um vulto suspeito
e o pulo de um susto
à solta no peito

no beco sem saída
caminhos a esmo
o leque de abismos
entre um eco
e seus mesmos

erra uma vez

    nunca cometo o mesmo erro
duas vezes
    já cometo duas três
quatro cinco seis
    até esse erro aprender
que só o erro tem vez

Quem dera eu fosse um músico
que só tocasse os clássicos,
a plateia chorando
e eu contando os compassos.
Se eu soubesse agora,
como eu soube antes,
a dança alegórica
entre as vogais e as consoantes!

Senhor que prometestes
a vida eterna aos filhos de São Bento
obrigado pelos invernos ao vento
e pelo invento do inferno
ainda aqui nesta terra

rumo ao sumo

Disfarça, tem gente olhando.
Uns, olham pro alto,
cometas, luas, galáxias.
Outros, olham de banda,
lunetas, luares, sintaxes.
De frente ou de lado,
sempre tem gente olhando,
olhando ou sendo olhado.

Outros olham para baixo,
procurando algum vestígio
do tempo que a gente acha,
em busca do espaço perdido.
Raros olham para dentro,
já que dentro não tem nada.
Apenas um peso imenso,
a alma, esse conto de fada.

transpenumbra

tempestade
que passasse
deixando intactas as pétalas
você passou por mim
as tuas asas abertas
passou
mas sinto ainda uma dor
no ponto exato do corpo
onde tua sombra tocou
que raio de dor é essa
que quanto mais dói
mais sai sol?

página ó página casa materna
onde encontro sempre espanto
o mesmo sempre manso branco
quando penetro numa caverna

textos textos textos

maldita placas fenícias
cobertas de riscos rabiscos
como me deixastes os olhos piscos
a mente torta de malícias
ciscos

pedaço de prazer
perdido
num canto do quarto escuro
inferno paraíso
vivo ou morto
te procuro

veloz
como a própria voz
elo e duelo
entre eu e ela
virando e revirando nós

o esplêndido corcel
vê a sombra do chicote
e corre, esplendores do cavalo
em labirintos de crina
incentivado pelo vento
cancela espaços de quimera
consumindo o tempo
pira que heróis incinera
tinha ímpetos de céu
e sofreguidão sobre o mar
as campinas cerúleas do polo
o céu pele de onça
e slides do zodíaco
as campinas dolorosas do pélago
onde pascem peixes
e o nó dos polvos chacina o sol
Aqui a fábula falha
no enjoo do jogar das ondas
fere os cascos nas estrelas
e picado pelos gumes
das feras do horóscopo
turva-se um pouco
cai a vigília no sonho
lúcido e súbito já que mártir
Fica na terra, cavalo
o olho cheio de estrelas
o corpo palhaço das ondas
e o coração no peito
feito um pião dormindo!

*

quem chega tarde
deve andar devagar
andar como quem parte
para nenhum lugar

vida que me venta
sina que me brisa
só te inventa
quem te precisa

om/ zaúm p/ roman óssipovitch jákobson

EU

O mundo desabava em tua volta,
e tu buscavas a alma que se esconde
no coração da sílaba SIM.
Consoante? Vogal? Um trem para Oslo.
Pares, contrastes, Moscous, línguas transmentais.
Na noite nórdica, um rabino, viking,
sonha um céu de oclusivas e bilabiais.

RO

Um mundo, o velho mundo, árvore no outono,
Hitler entra em Praga, Rússia, revolútzia,
até nunca mais!
A lábiavelar tcheca
só vai até os montes Urais.

PA

Roma, Rôman, romântico romã,
Jak, Jákob, Jakobson, filho de Jacó,
preservar as palavras dos homens.
Enquanto houver um fonema,
eu nunca vou estar só.

as coisas
não começam
com um conto
nem acabam com um ·

donna mi priega 88

se amor é troca
ou entrega louca
  discutem os sábios
entre os pequenos
  e os grandes lábios

no primeiro caso
onde começa o acaso
  e onde acaba o propósito
se tudo o que fazemos
  é menos que amor
mas ainda não é ódio?

a tese segunda
evapora em pergunta
  que entrega é tão louca
que toda espera é pouca?
  qual dos cinco mil sentidos
está livre de mal-entendidos?

não se esqueça de parecer comigo

isso não estava aqui ontem
ontem era um dia pobre, metade,
  mendigando ouro
à mísera eternidade

hoje é um dia rico
um mundo cheio de luz e lágrima
  força flor milagre e risco

o dia de hoje se olha no espelho
e só parece ontem
  a mesma brisa a bruma idêntica
e essa neblina intensa
  que nos obriga a fechar os olhos
e ler nas entrelinhas
  os abismos de nós mesmos
  hoje, sim, é maravilha,
hoje, finalmente, eu não sei

dia das mães/1988

R
(anos-luz, anos-treva)

Ler, ver,
e entre o V e o L
entrever aquele
R
erre
que me (rêve) revele

Ler trevas. Nas letras, ler tudo o que de ler não te atrevas. Ler mais. Ler além. Além do bem. Além do mal. Além do além. Horas extras ou etcéteras, adeus, amém. Busquem outros a velocidade da luz. Eu busco a velocidade da treva.

tout est déjà dit
dans un jardin
                jadis

fernando uma pessoa
j'ai perdu ma vie

par delicatesse?
oui
     rimbaud
moi
     aussi

blade runner waltz

Em mil novecentos e oitenta e sempre,
ah, que tempos aqueles,
dançamos ao luar, ao som da valsa
A Perfeição do Amor Através da Dor e da Renúncia,
nome, confesso, um pouco longo,
mas os tempos, aquele tempo,
ah, não se faz mais tempo
como antigamente.
Aquilo sim é que eram horas,
dias enormes, semanas anos, minutos milênios,
e toda aquela fortuna em tempo
a gente gastava em bobagens,
amar, sonhar, dançar ao som da valsa,
aquelas falsas valsas de tão imenso nome lento
que a gente dançava em algum setembro
daqueles mil novecentos e oitenta e sempre.

Tudo é vago e muito vário,
meu destino não tem siso,
o que eu quero não tem preço,
ter um preço é necessário,
e nada disso é preciso

voyage au bout de la nuit

o peito ensanguentado de verdades
rolo na rua esta cabeça calva e cega
não serve mais ao diabo que a carrega

ópera fantasma

Nada tenho.
Nada me pode ser tirado.
Eu sou o ex-estranho,
o que veio sem ser chamado
e, gato, se foi
sem fazer nenhum ruído.

profissão de febre

    quando chove,
eu chovo,
    faz sol,
eu faço,
    de noite,
anoiteço,
    tem deus,
eu rezo,
    não tem,
esqueço,
    chove de novo,
de novo, chovo,
    assobio no vento,
daqui me vejo,
    lá vou eu,
gesto no movimento

Sete e dez.
Aqui jaz o sol,
    sombra a meus pés.

    Trevas.
Que mais pode ler
    um poeta que se preza?

água em água

    pedirem um milagre
nem pisco
    transformo água em água
e risco em risco

Esta vida de eremita
é, às vezes, bem vazia.
Às vezes, tem visita.
Às vezes, apenas esfria.

ao pé da pena

todo sujo de tinta
o escriba volta pra casa
cabeça cheia de frases alheias
frases feitas
letras feias
linhas lindas
a pele queima
as palavras esquecidas
formas formigas
todas as palavras da tribo

por elas
trocou a vida
dias luzes madrugadas
hoje
quando volta pra casa
página em branco e em brasa
asa lá se vai
dá de cara com nada
com tudo dentro
sai

alvorada em alfa

todo o peso
com que me meço
vejo e invejo
e neste largo ver
me largo vendo
até não mais poder
descompreendendo

o que vi
foi puro e longo ver

quem vi
ver verá
só o que vira
virá
e no que ver
virará

o bicho alfabeto
tem vinte e três patas
ou quase

por onde ele passa
nascem palavras
e frases

com frases
se fazem asas
palavras
o vento leve

o bicho alfabeto
passa
fica o que não se escreve

um homem com uma dor
é muito mais elegante
    caminha assim de lado
como se chegando atrasado
    andasse mais adiante

    carrega o peso da dor
como se portasse medalhas
    uma coroa um milhão de dólares
ou coisa que os valha

    ópios édens analgésicos
não me toquem nessa dor
    ela é tudo que me sobra
sofrer vai ser minha última obra

tibagi

presa no tempo
a lua
     lá
como se para sempre

o verde
       ali
cumprindo seu dever

ser verde
até não mais poder

abaixo o além

de dia
céu com nuvens
ou céu sem

de noite
não tendo nuvens
estrela
sempre tem

quem me dera
um céu vazio
azul isento
de sentimento
e de cio

isso sim me assombra e deslumbra
como é que o som penetra na sombra
e a pena sai da penumbra?

A morte, a gente comemora.
No meu peito, cai a Roma,
que, caída embora,
nenhum bárbaro doma.

As romãs que assim tivermos
e os esplendores da pessoa,
a impropriedade dos termos,
a quem doer, doa.

o ex-estranho

passageiro solitário
o coração como alvo,
sempre o mesmo, ora vário,
aponta a seta, sagitário,
para o centro da galáxia

o que passou passou?

Antigamente, se morria.
1907, digamos, aquilo sim
  é que era morrer.
Morria gente todo dia,
  e morria com muito prazer,
já que todo mundo sabia
  que o Juízo, afinal, viria,
e todo mundo ia renascer.
  Morria-se praticamente de tudo.
De doença, de parto, de tosse.
  E ainda se morria de amor,
como se amar morte fosse.
  Pra morrer, bastava um susto,
um lenço no vento, um suspiro e pronto,
  lá se ia nosso defunto
para a terra dos pés juntos.
  Dia de anos, casamento, batizado,
morrer era um tipo de festa,
  uma das coisas da vida,
como ser ou não ser convidado.
  O escândalo era de praxe.
Mas os danos eram pequenos.
  Descansou. Partiu. Deus o tenha.
Sempre alguém tinha uma frase
  que deixava aquilo mais ou menos.
Tinha coisas que matavam na certa.
  Pepino com leite, vento encanado,
praga de velha e amor mal curado.
  Tinha coisas que tem que morrer,
tinha coisas que tem que matar.

A honra, a terra e o sangue
mandou muita gente praquele lugar.
    Que mais podia um velho fazer,
nos idos de 1916,
    a não ser pegar pneumonia,
deixar tudo para os filhos
    e virar fotografia?
Ninguém vivia pra sempre.
    Afinal, a vida é um upa.
Não deu pra ir mais além.
    Mas ninguém tem culpa.
Quem mandou não ser devoto
    de Santo Inácio de Acapulco,
Menino Jesus de Praga?
    O diabo anda solto.
Aqui se faz, aqui se paga.
    Almoçou e fez a barba,
tomou banho e foi no vento.
    Não tem o que reclamar.
Agora, vamos ao testamento.
    Hoje, a morte está difícil.
Tem recursos, tem asilos, tem remédios.
    Agora, a morte tem limites.
E, em caso de necessidade,
    a ciência da eternidade
inventou a criônica.
    Hoje, sim, pessoal, a vida é crônica.

lápide 1
epitáfio para o corpo

Aqui jcz um grande poeta.
Nada deixou escrito.
Este silêncio, acredito,
são suas obras completas.

lápide 2
epitáfio para a alma

aqui jaz um artista
mestre em desastres

viver
com a intensidade da arte
levou-o ao infarte

deus tenha pena
dos seus disfarces

minha memória evapore
feito a água
de uma lágrima

minha lembrança se vá
sem deixar lembrança alguma
em seu devido lugar

se um dia eu esquecer
que você nunca me esquecerá

desmantelar
a máquina do amor
    peça por peça
onde luzia flor e flor
    não deixar nem promessa
isso sim eu faria
    se pudesse
transformar em pedra fria
    minha prece

amarga mágua
o pobre pranto tem

por que cargas-d'água
chove tanto
                    e você não vem?

minioração fúnebre para rené descartes

Bene vixit qui bene latuit*

Repousa sob a laje
o que viveu oculto.
    Poupem-no do ultraje
do tumulto.

* "Bem viveu quem viveu oculto", lema de Descartes. (N. A.)

a quem
interessa
esse
além
sem pressa
?

a mim
este
aquém

o
além
a
quem
interessar
possa

podia passar
a vida inteira assim
    olhando a lua
a boca cheia de luz
    e na cabeça nem sombra
da palavra glória

extra

precisa surpresa
a brisa passa e me deixa acesa
asa que não soube ser estrela
cena que não reprisa
fala desfeita em reza
rosa fervida em mel

sobrenoite alémfloresta
aquela estrela é uma fresta
por onde vejo nascer
um novo céu

um dia sobre nós também
vai cair o esquecimento
como a chuva no telhado
e sermos esquecidos
será quase a felicidade

luto por mim mesmo

a luz se põe
em cada átomo do universo
noite absoluta
desse mal a gente adoece
como se cada átomo doesse
como se fosse esta a última luta

o estilo desta dor
é clássico
dói nos lugares certos
sem deixar rastos
dói longe   dói perto
sem deixar restos
dói nos himalaias, nos interstícios
e nos países baixos

uma dor que goza
como se doer fosse poesia
já que tudo mais é prosa

Faça os gestos certos,
o destino vai ser teu aliado,
    ouço uma voz dizendo
do fundo mais fundo do passado.
    Hoje, não faço nada direito,
que é preciso muito mais peito
    pra fazer tudo de qualquer jeito.

    Ai do acaso,
se não ficar do meu lado.

travelling life

(para Bere)

é como se fosse uma guerra
onde o mau cabrito briga
e o bom cabrito não berra

é como se fosse uma terra
estrangeira até pra ela
como se fosse uma tela
onde cada filme que passa
toda imagem congela

é como se fosse a fera
que a cada dia que roda e rola
mais e mais se revela

amor bastante

quando eu vi você
tive uma ideia brilhante
foi como se eu olhasse
de dentro de um diamante
e meu olho ganhasse
mil faces num só instante

basta um instante
e você tem amor bastante

luz versus luz

de ilusão em ilusão
até a desilusão
é um passo sem solução
um abraço

um abismo
um
soluço
adeus a tudo que é bom

quem parece são não é
e os que não parecem são

matar, a forma mais alta de amar,
matar em nós a vontade de matar,
   voltar a matar a vontade,
matar, sempre, matar,
   mesmo que, para isso,
seja preciso todo o nosso amar

vezes versus reveses

    um flash back
um flash back dentro de um flash back
    um flash back dentro de um flash back de
    um flash back
um flash back dentro do terceiro flash back
    a memória cai dentro da memória
pedraflor na água lisa
    tudo cansa (flash back)
menos a lembrança da lembrança da lembrança
    da lembrança

haja
hoje
p/
tanto
houtem

p. l.

só
o
el
isto
ex
ist

pleninski
88

obra

cobra
dobra
manobra
obra
sobra
V. a f. dos v. em
obrar : desdobra.

vertente

tente ver **tente ver tanto** até nada a ver a não ser espanto

anfíbios

a pena chama	a chama vela a pena chama a vela pena	a chama traça a vela a traça vela a pena	a traça vara a parte lança a chama parte	a lança vara a chama traça a vara vela
a dura dita chama a pena dura	a vela sua a chama vela a sua chama	a dita dura vela a dura vara	a pena para para para para	a chama pena

não	espere	mil	agres
neste	meu	acre	ditar
dito	só	porque	disto
mil	línguas	deste	lugar

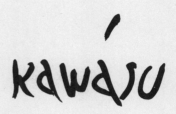

"Kawásu" é "sapo", em japonês. Imagino ter relação original com "kawa", "rio". O batráquio é o animal totêmico do haikai, desde aquele memorável momento em que Mestre Bashô flagrou, quando um sapo "tobikômu" ("salta-entra") no velho tanque, o som da água.

mallarmé bashô

    um salto de sapo
jamais abolirá
    o velho poço

cinco bares, dez conhaques
atravesso são paulo
dormindo dentro de um táxi

esse voo
ao vento que mais dói
eu doo

beijo com gosto
               de peixe-espada
lá longe
        a água deve estar gelada

escurece
cresce tudo
que carece

o castelo
que o general conquistar não pôde
a sombra das árvores da tarde
pode

ver é violento

que golpe
aplicar no vento?

saber é pouco

como é que a água do mar
   entra dentro do coco?

cemitério municipal
reina a paz e a calma
em todo o território nacional

brisa quente
quem te precisa
pressente

essa estrada vai longe
mas se for
vai fazer muita falta

que será
que tem lá embaixo
que a pedra tomba
tão fácil?

coisas do vento
a rede balança
sem ninguém dentro

estrela cadente eu olho
o céu partiu
para uma carreira solo

quem me dera
até para a flor no vaso
um dia chega a primavera

vazio agudo

ando meio

cheio de tudo

fruto suspenso
a que susto
pertenço?

tudo dança
hospedado numa casa
em mudança

dia cinzento
assim me levanto
assim me sento

sobressalto
esse desenho abstrato
minha sombra no asfalto

novas telhas
à primeira chuva
a nova goteira

amar é um elo
entre o azul
e o amarelo

velhas fotos
velha e revelha
uma flor de lótus

longo o caminho até o céu
essa minha alma vagabunda
com gosto de quarto de hotel

insular

mil milhas de treva
cercadas de mágua
por todos os fados

morreu o periquito
a gaiola vazia
esconde um grito

esta vida é uma viagem
pena eu estar
só de passagem

longo o caminho
até uma flor
só de espinho

arisco asco
a partir de ti refaço
uma alma em pedaços

dia sem senso
acendo o cigarro
no incenso

que faz

      o cruzeiro do sul

            tão baixo?

as luzes da minha rua

          eu acho

vertigo
ver   te
   comigo

nadando num mar de gente
deixei lá atrás
meu passo à frente

o dia é um escombro
o voo das pombas
sobre as próprias sombras

inverno
é tudo o que sinto
viver
é sucinto

que dia é hoje?
um dia, eu soube
hoje me foge

do espanto ao esperanto
através do ex-pranto
lá se vai meu por enquanto

noite alta   lua baixa
pergunte ao sapo
o que ele coaxa

primavera de problemas
a luz das flores grandes
assombra as flores pequenas

lua crescente
o escuro cresce
a estrela sente

completa a obra
o vento sopra
  e o tempo sobra

pôr de sol   pingo de sangue
a flor cheiro de mel na água cor de leite
    acorda o peixe
                    sonho de fósforo

para fazer uma teia num minuto
a aranha cobra pouco
apenas um mosquito

nu como um grego
ouço um músico negro
e me desagrego

muito romântico
meu ponto pacífico
fica no atlântico

        believe it or not
this very if
        is everything you got

a noite — enorme
tudo dorme
menos teu nome

o corvo nada em ouro
nem o céu estraga o voo
nem o voo dana o céu

chove no orvalho
a chave na porta
como uma flor no galho

feliz a lesma de maio
um dia de chuva
como presente de aniversário

nem vem que não tem
nenhum navio ou trem
me leva a outrem

entendo
mas não entendo
o que estou entendendo

— que tudo se foda,
disse ela,
e se fodeu toda

tatami-o ou deite-o

de colchão em colchão
chego à conclusão
meu lar é no chão

madrugada   bar aberto
deve haver algum engano
                                           por perto

antes é antigo
chove vinho
        sobre um campo de trigo

meianoite
o silêncio tine
a sombra vira cena
o sonho vira cine

celeumas   luas
onde se lê uma
   leiam-se duas

essa a vida que eu quero,
querida

encostar na minha
a tua ferida

                estrela   sozinha
     de repente   uma   voz
          falando dentro da minha

tão doce, tão cedo,
tão já
tudo de novo vira começo

vi vidas, vi mortes,
nada vi que se medisse
com o azar que tive
ao ter você, minha sorte

de vez em quando
ando ando ando
a voz ecoando
quando quando quando

lua limpa
à beira do abismo
todas as coisas são simples

Fiz um trato com meu corpo.
Nunca fique doente.
Quando você quiser morrer,
eu deixo.

vida e morte
amor e dúvida
dor e sorte

quem for louco
que volte

acabou a farra
formigas mascam
restos da cigarra

acabo como começo
canções de fracasso
não fazem mais sucesso

são não

não são
são não
rogai por nós
para que não
sejamos senão

minha alma breve breve
o elemento mais leve
na tabela de mendeleiev

essa ideia
    ninguém me tira
matéria é mentira

cronologia

1944 — Nasce no dia 24 de agosto de 1944, no bairro do Portão, em Curitiba, Paulo Leminski Filho. Seus pais são Paulo Leminski e Áurea Pereira Mendes.

1949 — A família do pai, sargento do Exército, muda-se para Itapetininga, no estado de São Paulo.

1950 — Nova mudança da família, agora para Itaiópolis, em Santa Catarina.

1954 — Terceira mudança dos Leminski antes de retornarem a Curitiba. Sargento Paulo Leminski é transferido para Rio Negro, cidade próxima da divisa com o Paraná, a cinquenta quilômetros de Itaiópolis.

1956 — Volta para Curitiba. Paulo Leminski Filho é matriculado no Colégio Paranaense onde entra em contato pela primeira vez com o inglês, o francês e o latim. Obsessão do pequeno Paulo por dicionários e enciclopédias.

1957 — Leminski envia carta ao Colégio de São Bento, em São Paulo, perguntando ao coordenador da instituição, Dom Clemente, sobre os procedimentos para se tornar um monge beneditino.

1958 — Chega a São Paulo para viver e estudar no Mosteiro de São Bento, com a intenção de se ordenar.

1959 — Incapaz de conter a indisciplina de Paulo, o Mosteiro pede aos pais do menino a transferência para outro colégio. A passagem pelo Colégio São Bento seria marcante pelo resto de sua vida.

1962 — Meses antes de prestar vestibular para letras na Pontifícia Universidade Católica do Paraná (PUC-PR) e para direito na Universidade Federal (UFPR), o adolescente Paulo Leminski casa-se com Nevair Maria de Souza, a Neiva. Fica em primeiro lugar no vestibular para letras e em segundo para direito.

1963 — Aos dezoito anos vai para Belo Horizonte assistir ao I Congresso Brasileiro de Poesia de Vanguarda e conhece pessoalmente Décio Pignatari, Augusto e Haroldo de Campos e Afonso Ávila, entre outros. Passa uma noite em São Paulo, na casa de Augusto, lendo o original em inglês dos Cantos de Ezra Pound.

1964 — Estreia com cinco poemas na revista *Invenção*, em São Paulo, dirigida por Décio Pignatari, porta-voz da poesia concreta paulista.

1965 — Começa a trabalhar como professor de história, literatura e redação em cursos pré-vestibulares, atividade que durará até 1973.

1966 — Começa a praticar judô. Ao mesmo tempo embrenha-se no estudo da língua e da poesia japonesa, e na leitura de autores ligados ao zen-budismo como Teitaro Suzuki, Thomas Merton e Alan Watts. Classifica-se em primeiro lugar no II Concurso Popular de Poesia Moderna, promovido pelo jornal *O Estado do Paraná*.

1968 — No dia do seu aniversário, em agosto, é apresentado à poeta Alice Ruiz. Em outubro do mesmo ano, o casal engravida. Os dois terão, ao todo, três filhos e viverão juntos até 1988.

1969 — Em julho nasce Miguel Ângelo Leminski, primeiro filho de Paulo e Alice. No mesmo mês Leminski parte para o Rio de Janeiro à procura de emprego. Paulo estabelece-se no famoso Solar da Fossa, em Botafogo, e morará no Rio até 1971, período em que colabora com o jornal *O Pasquim* e com diversas revistas. Lá batiza seu gigantesco manuscrito, que costumava carregar debaixo do braço por todos os lugares, de *Catatau*.

1970 — Ainda no Rio de Janeiro, começa a compor letras com seu irmão Pedro Leminski e em seguida aprende a tocar violão, compondo suas primeiras músicas.

1971 — Paulo, Alice e Miguel Ângelo estão juntos novamente em Curitiba. Em março nasce Aurea Alice Leminski, segunda filha do casal.

1972 — Começa a compor com membros do grupo A Chave, em especial com Ivo Rodrigues.

1973 — Morre seu pai, Paulo Leminski. Alice e Paulo recebem a visita inesperada de seus ídolos Caetano Veloso e Gal Costa, que já conheciam o trabalho de Leminski por indicação de Augusto de Campos.

1975 — Finalmente é publicado o *Catatau*, depois de uma maturação de oito anos. Paulo começa a trabalhar como redator publicitário em agências de propaganda, atividade que exercerá até 1988. Na carreira de publicitário, começa a colaborar com o trio de amigos Solda e Rettamozo, artistas plásticos, e Dico Kremer, fotógrafo. Conhece pessoalmente Jorge Mautner.

1976 — De volta ao Rio de Janeiro, a passeio, Leminski conhece Moraes Moreira. A parceria musical aconteceria somente alguns anos depois. Em dupla com o fotógrafo Jack Pires lança o livro *Quarenta clics em Curitiba*. Recebe visita de Waly Salomão em Curitiba.

1977 — Lançamento do primeiro compacto da banda A Chave com duas canções de Leminski, suas primeiras composições a serem gravadas: "Buraco no coração" e "Me provoque pra ver".

1978 — Morre sua mãe Áurea Pereira Mendes.

1979 — Leminski escreve a novela *Minha classe gosta, logo é uma bosta*, mas não a publica. Miguel morre em julho, logo depois de completar dez anos.

1980 — Começa a escrever para jornais e revistas de Curitiba e São Paulo. Publicação dos livros de poemas *Não fosse isso e era menos não fosse tanto e era quase* e *Polonaises*.

Viaja a Salvador onde reencontra Moraes Moreira, que se tornaria seu principal parceiro musical, e conhece os demais Novos Baianos.

1981 — O poeta ganha fama como compositor e, entre 1981 e 1982, vários artistas da música brasileira gravam suas canções, entre eles: Caetano Veloso, Blindagem, A Cor do Som, Ney Matogrosso, Paulinho Boca de Cantor, Moraes Moreira, MPB4 e

Ângela Maria. Conhece Itamar Assumpção, que se torna imediatamente seu parceiro musical. Nascimento da filha Estrela Ruiz Leminski.

1983 — Publicação das biografias *Cruz e Sousa: o negro branco* e *Bashô: a lágrima do peixe* pela editora Brasiliense, além da coletânea *Caprichos & relaxos,* no selo Cantadas Literárias.

1984 — São publicadas pela Brasiliense a biografia *Jesus* e a tradução de *Pergunte ao pó* de John Fante. Pela mesma editora, Leminski lança seu segundo romance, *Agora é que são elas*. Ao lado de Francisco Alvim, Waly Salomão e Chacal, participa do curta-metragem *Assaltaram a gramática*, de Ana Maria Magalhães.

1985 — Gravação do curta-metragem *Ervilhas da fantasia*, de Werner Shumann, estrelado por Leminski. O poeta vira assíduo tradutor da Brasiliense, com a publicação dos volumes: *Satyricon* de Petrônio, *Sol e aço* de Yukio Mishima, *Giacomo Joyce* de James Joyce, *Um atrapalho no trabalho* de John Lennon e *O supermacho* de Alfred Jarry, além de traduzir alguns poemas e escrever o posfácio de *Vida sem fim*, antologia poética de Lawrence Ferlinguetti. Publicação de *Haitropikais*, em parceria com Alice Ruiz, editado pelo Fundo Cultural de Ouro Preto.

1986 — Reúne seus ensaios no volume *Anseios crípticos,* publicado pela Criar Edições, de Curitiba. Morre o irmão de Paulo, Pedro Leminski. Lançamento de *Trótski*, última das biografias escritas pelo poeta, e da tradução de *Malone morre*, de Samuel Beckett.

1987 — Publicação de *Distraídos venceremos,* seu segundo livro de poemas, pela Brasiliense, e da tradução de *Fogo e água na terra dos deuses*, volume de poesia egípcia antiga, pela editora Expressão. Escreve *Metaformose,* ensaio que será publicado postumamente.

1988 — Paulo e Alice separam-se e ele se muda para São Paulo. Lançamento do livro infantojuvenil *Guerra dentro da gente*, pela editora Scipione. Na TV Bandeirantes cria e apresenta o quadro "Clic-poemas" no *Jornal de Vanguarda.* Volta para Curitiba.

1989 — Em abril, estreia como colunista na *Folha de Londrina.* Durante uma internação de dois dias por complicações da cirrose hepática, Paulo Leminski morre, no dia 7 de junho de 1989. *A lua no cinema*, poema dedicado à sua filha Estrela, é publicado pela Arte Pau-Brasil.

lista de obras publicadas

Catatau (1975), edição do autor
Quarenta clics em Curitiba (1976), Etcetera
Não fosse isso e era menos não fosse tanto e era quase (1980),
ZAP
Polonaises (1980), edição do autor
Caprichos & relaxos (1983), Brasiliense
Cruz e Sousa: o negro branco (1983), Brasiliense
Bashô: a lágrima do peixe (1983), Brasiliense
Jesus a.C. (1984), Brasiliense
Agora é que são elas (1984), Brasiliense
Haitropikais, com Alice Ruiz (1985), Fundo Cultural de Ouro
Preto
Trótski: a paixão segundo a revolução (1986), Brasiliense
Anseios crípticos (1986), Criar Edições
Distraídos venceremos (1987), Brasiliense
Guerra dentro da gente (1988), Scipione
A lua no cinema (1989), Arte Pau-Brasil
Vida (1990), Sulina
La vie en close (1991), Brasiliense
Uma carta: uma brasa através, com Régis Bonvicino (1992),
Iluminuras
Metaformose: uma viagem pelo imaginário grego (1994),
Iluminuras
Winterverno, com João Virmond Suplicy Neto (1994), Fundação
Cultural de Curitiba
O ex-estranho (1996), Iluminuras

Ensaios e anseios crípticos (1997), Polo Editorial do Paraná
Envie meu dicionário — cartas e alguma crítica, com Régis
  Bonvicino (1999), Editora 34
Anseios crípticos 2 (2001), Criar
Gozo fabulcso (2004), DBA
Toda poesia (2013), Companhia das Letras
Vida (2014), Companhia das Letras
O bicho alfabeto, com Ziraldo (2014), Companhia das Letras
Caprichos & relaxos (2016), Companhia das Letras
Distraídos venceremos (2017), Companhia das Letras

Traduções publicadas

Folhas das folhas da relva, de Walt Whitman (1983), Brasiliense
Pergunte ao pó, de John Fante (1984), Brasiliense
Vida sem fim, de Lawrence Ferlinghetti (1984), Brasiliense
Um atrapalho no trabalho, de John Lennon (1985), Brasiliense
Giacomo Joyce, de James Joyce (1985), Brasiliense
O supermacho, de Alfred Jarry (1985), Brasiliense
Sol e aço, de Yukio Mishima (1985), Brasiliense
Satyricon, de Petrônio (1985), Brasiliense
Malone morre, de Samuel Beckett (1986), Brasiliense
Fogo e água na terra dos deuses, poesia egípcia antiga (1987),
  Expressão

índice de títulos e primeiros versos

A morte, a gente comemora, 79
a noite — enorme, 154
a quem, 89
A quem me queima, 12
abaixo o além, 77
acabo como começo, 175
acabou a farra, 174
acidente no km 19, 23
água em água, 70
alguém parado, 37
alvorada em alfa, 73
amar é um elo, 129
amarga mágua, 87
amor bastante, 96
Andar e pensar um pouco, 40
anfíbios, 104
antes é antigo, 163
ao pé da pena, 72
arisco asco, 136
as coisas, 59
atrasos do acaso, 29
(aus), 28

beijo com gosto, 111
believe it or not, 153
blade runner waltz, 64
brisa quente, 117

CAI, 106
celeumas luas, 165
cemitério municipal, 116
chove no orvalho, 156
cinco bares, dez conhaques, 109
cine luz, 42
coisas do vento, 120
com quantos paulos, 33
como abater uma nuvem
    a tiros, 18
completa a obra, 148
curitibas, 17

de vez em quando, 170
desmantelar, 86
dia cinzento, 126
dia sem senso, 137
do espanto ao esperanto, 144
donna mi priega 88, 60

e ver-te, 14
entendo, 159
erra uma vez, 47
escurece, 112
essa a vida que eu quero, 166
essa estrada vai longe, 118
essa ideia, 178
esse voo, 110
Esta vida de eremita, 71
esta vida é uma viagem, 134
este mundo está perdido, 44
estrela cadente eu olho, 121

estrela sozinha, 167
estrelas fixas, 45
estupor, 15
eu, 58
extra, 91

Faça os gestos certos, 94
feliz a lesma de maio, 157
Fiz um trato com meu corpo, 172
fruto suspenso, 124

haja, 100

ímpar ou ímpar, 36
in honore ordinis sancti
    benedicti, 35
insular, 132
inverno, 142
isso sim me assombra
    e deslumbra, 78

KAWÁSU, 107

l'être avant la lettre, 9
lá fora e no alto, 27
lá vai um homem sozinho, 22
lápide 1 epitáfio para o corpo, 83
lápide 2 epitáfio para a alma, 84
limites ao léu, 11
longo o caminho, 135
longo o caminho até o céu, 131
lua crescente, 147

lua limpa, 171
luto por mim mesmo, 93
luz versus luz, 97

madrugada bar aberto, 162
mais ou menos em ponto, 24
mallarmé bashô, 108
matar, a forma mais alta de
    amar, 98
meianoite, 164
minha alma breve breve, 177
minha memória evapore, 85
minioração fúnebre para rené
    descartes, 88
morreu o periquito, 133
motim de mim (1968-1988), 31
muito romântico, 152

nadando num mar de gente, 140
não espere mil agres, 105
não se esqueça de parecer
    comigo, 61
nem vem que não tem, 158
noite alta lua baixa, 145
novas telhas, 128
nu como um grego, 151

o bicho alfabeto, 74
o castelo, 113
o corvo nada em ouro, 155
o dia é um escombro, 141
o esplêndido corcel, 56

o ex-estranho, 80
o que passou passou?, 81
obra, 102
ópera fantasma, 67
operação de vista, 20
ouverture la vie en close, 13

página ó página casa
   materna, 52
para fazer uma teia num
   minuto, 150
pedaço de prazer, 54
podia passar, 90
pôr de sol pingo de sangue, 149
primavera de problemas, 146
profissão de febre, 68

que dia é hoje?, 143
que faz, 138
que pode ser aquilo, 16
que será, 119
— que tudo se foda, 160
quem chega tarde, 57
Quem dera eu fosse um
   músico, 48
quem me dera, 122
quem sai aos seus, 38

R (anos-luz, anos-treva), 62
round about midnight, 46
rumo ao sumo, 50

saber é pouco, 115
são não, 176
Senhor que prometestes, 49
sete assuntos por segundo, 25
sete dias na vida de uma luz, 32
Sete e dez, 69
sigilo de fonte, 21
sintonia para pressa
   e presságio, 19
só, 101
sobressalto, 127
sossegue coração, 26
suprassumos da
   quintessência, 39
surpresa de ser, 30

tão doce, tão cedo, 168
tatami-o ou deite-o, 161
textos textos textos, 53
tibagi, 76
tout est déjà dit, 63
transpenumbra, 51
travelling life, 95
tudo dança, 125
Tudo é vago e muito vário, 65

um bom poema, 10
um dia sobre nós também, 92
um homem com uma dor, 75

vazio agudo, 123
velhas fotos, 130